Les histoires du Père Castor

La plume du caneton

texte de Colette Sébille

La première édition de ce texte est parue en 1976 illustrée par Romain Simon.
Cet ouvrage est toujours disponible dans la collection des Albums du Père Castor chez Flammarion.
Pour la présente édition : la conception de la maquette est de Florence Freslon-Leray; les dialogues du Père Castor, de Câline, de Grignote et de Benjamin sont de Sylvain du Pasquier; les dessins ont été réalisés par GMT Productions et le studio Typhoon, extraits du dessin animé de Pascale Moreaux et de Jean Cubaud d'après les illustrations de l'édition originale.

Flammarion

© 1993 Père Castor Flammarion - Imprimé en Italie - ISBN : 2-08-163222-5

Père Castor. — J'ai de moins en moins de place pour ranger mes livres, il va falloir que je me décide enfin à rajouter une étagère !
Câline. — On va t'aider !

Grignote. — Regarde, Benjamin ! J'ai retrouvé l'agate que tu avais perdue…
Benjamin. — Oh ! chic ! Donne-la-moi.
Grignote. — Ah, non ! Elle est à moi maintenant !

Père Castor. — Que se passe-t-il ?
Benjamin. — Il ne veut pas me rendre mon agate. C'est pas juste, elle était à moi.
Père Castor. — Et toi qu'est-ce que tu en penses ?
Grignote. — C'est moi qui l'ai retrouvée. Il l'avait perdue, alors…
Père Castor. — Alors, ce serait tout à ton honneur de la lui rendre.
Câline. — Ne vous disputez pas pour ça ! Ce n'est rien qu'une bille…
Père Castor. — Ça me rappelle un petit canard qui vivait dans une basse-cour. Écoutez l'histoire de LA PLUME DU CANETON.

– Oh ! là ! là ! Oh ! là ! là !
J'ai perdu la plus belle !
C'était la plus belle,
pleure le petit canard
dans un coin du poulailler.

– Pardon, madame l'Oie,
je vous prie de bien vouloir m'excuser,
n'avez-vous pas vu une plume ?
J'ai perdu une plume, c'était la plus belle !

– Ma foi non, je n'ai pas vu de plume.
Mais va donc demander au dindon,
peut-être pourra-t-il te renseigner.

– Monsieur le Dindon, bonjour !
N'avez-vous pas vu une plume,
une belle plume jaune ?
J'ai perdu ma plus belle plume !
– Non, mon petit, non je n'ai rien vu.
Mais va voir la poule,
peut-être pourra-t-elle t'aider.

– Pardon, madame la Poule,
n'avez-vous pas vu une plume ?
C'est moi qui l'ai perdue,
c'était la plus belle.
Oh ! comme je l'aimais cette plume !
– Je n'ai rien vu du tout, mon pauvre petit.
Mais va donc voir le coq.
Je serais bien étonnée qu'il ne sache rien.
Tu sais comment il est :
il veut se tenir au courant de tout.

Petit canard n'a même pas le temps de parler.
– Ah ! bonjour, mon petit, dit le coq,
tu viens me voir ?
Tu veux m'entendre chanter, n'est-ce pas ?
Ah ! le gentil petit ! Ne sois pas si timide,
tu vas l'avoir ta chanson !

– Non, non, monsieur le Coq,
dit tout doucement le petit canard.
Je ne veux pas de chanson, je veux...
– Comment ? Tu ne veux pas de chanson !
Jamais je n'ai entendu une chose pareille !
Comment oses-tu me dire cela ?
À moi dont le chant est le plus beau !
Écoute ! COCORICO ! COCORICO ! COCORICO !

Dans le poulailler,
chacun regarde son voisin avec l'air de dire :
«N'est-il pas malade notre coq ?»

– C’est vraiment très joli, monsieur le Coq,
dit le petit canard, lorsque le coq se tait enfin.
Mais je suis venu vous demander...
N’avez-vous pas vu une plume, s’il vous plaît ?
J’ai perdu une plume.

– Une plume ?
Bien sûr que j’ai trouvé une plume !
Très jolie plume, ma foi !
Je l’ai plantée dans ma queue,
et elle me va très bien.
– Ah ! Vous avez trouvé ma plume !
Quel bonheur ! Voulez-vous me la rendre,
s’il vous plaît ?
– Comment ça, te la rendre ?
Je l’ai trouvée, elle est à moi.

– Oh ! monsieur le Coq, c’est ma plume !
– Rien à faire ! Il ne fallait pas la perdre !
C’est tant pis pour toi !

Et le coq s’éloigne.

« J’ai une idée ! » se dit le petit canard.
Il court chercher son frère et lui raconte
très vite et très bas toute l’histoire.

Petit canard et son frère retournent voir le coq.

– Monsieur le Coq, bonjour !
dit le frère du petit canard.
Voulez-vous avoir la grande amabilité
de chanter pour moi ?
Cela me ferait tant plaisir !
– Enfin ! Voilà un canard
qui sait apprécier les belles choses !
Je te félicite et je vais chanter pour toi !
Ah ! mais je vois que tu as
rappelé ton frère à la raison !
Toi aussi, maintenant,
tu veux entendre une de mes chansons !
N’est-ce pas, petit canard ?

– Oh ! oui, mentit le petit canard.

– Bien. Alors, écoutez !

Et le coq se gonfle bien droit sur ses pattes.
La gorge rebondie et la tête fièrement levée,
il commence : COCORICO !

COCORICO !

COCORICO !

Pendant ce temps,
le petit canard court vite derrière le coq,
saisit sa plume et...

… s'en va à toutes pattes.

– Que se passe-t-il ?
Qui a touché à ma queue ?
Qui a osé toucher à mes plumes ?
crie le coq, furieux.

Mais il n'y a plus personne pour lui répondre !

Dans le fond du poulailler,
l'autre petit canard aide son frère
à replacer sa plume.

Le coq continue de crier, fou de rage :
– Qui a osé ? Qui a osé ?

Et l'oie et le dindon et les poules
et les poussins et les canetons
baissent la tête
pour qu'il ne les voie pas
se moquer de lui.

Câline. — Hi, hi ! Qu'il est ridicule !
Benjamin. — Qui a osé ? Qui a osé ?

Grignote. — Tiens, Benjamin, je te la rends ton agate !
Benjamin. — Merci, Grignote, je te la prête.

Câline. — Alors, on la construit cette bibliothèque ?
Benjamin. — Il faut qu'elle soit immense…

Père Castor. — Vous voulez bien m'aider ?
Grignote. — Je vais chercher la boîte à outils.
Père Castor. — Il y a des planches dans la remise.
Benjamin. — Je les porte avec toi.

Père Castor. — Que cherches-tu, Câline ?
Câline. — La boîte de pharmacie.
Père Castor. — Ah bon ?
Câline. — Il y en a bien un qui va se taper sur les doigts !

La chanson du Père Castor

Musique et paroles de Florence Caillon.

Imprimerie G. Canale & C.S.p.A. - Turin - 09-1993 - Flammarion et Cie, éditeur (N°17371) - Dépôt légal : octobre 1993
Loi n°49-956 du 16 juillet 1949 sur les publications destinées à la jeunesse